夢を追う パラアスリート

越智貴雄・写真／文

童心社

夢を追う
パラアスリート

······························ 目次

まえがき

　パラリンピックの1番の魅力は選手です。

　初めてパラリンピックを見てからというもの、選手たちのエネルギーとパフォーマンスにひかれて、パラスポーツを追いかけ続けています。選手は4年に1回のパラリンピック大会を目指して、毎日地道な練習を一つひとつ積み重ねながら、国内外の大会に出場し、人生のすべてをかけて競技に挑戦しています。

　走り幅跳びのマルクス・レーム選手は、オリンピックの記録をおびやかす記録を叩き出して世界中を驚かせた、可能性の塊のような選手です。水泳の山口選手は、知的障がいに対する私の思いこみを吹き飛ばす泳ぎを見せてくれた、才能あふれる選手です。

　パラカヌーの瀬立モニカ選手は、年々身体を進化させて記録を伸ばし、その笑顔で周りの人たちを次つぎにファンにしてしまう魅力のある選手です。車いすラグビーの池透暢選手は、冷静沈着でしっかりと得点を決める、男気あふれる頼もしい兄貴のような選手です。視覚障がいマラソンの道下美里選手は、小さい体に秘めたパワーと、"笑顔は幸せのパスポート"を座右の銘にしている、笑顔が魅力的な選手です。

　パワーリフティングの樋口健太郎選手は、小学校教諭でバイクとカメラが好きな凝り性で、理論的に自分の運動能力を追求して短期間で記録を爆発的に伸ばしている、ユニークな選手です。車いすテニスの眞田卓選手は、世界一のスピードを誇るフォアストロークの持ち主で、本人曰く人見知りだというのですが、話題が豊富でおもしろい選手です。

　選手の信条や性格、プレースタイルなどを知れば知るほど、どんどん選手への興味がわいてきて、練習や試合に行って選手に会いたくなってしまいます。

越智貴雄

スタジアムに立つ一人の選手に、観客の視線が注がれています。

彼の名前はマルクス・レーム。ドイツ代表のパラリンピック選手です。マルクス選手の種目は、陸上競技の走り幅跳び。砂場にめがけて助走をして跳び上がり、より遠くまで跳んだ選手が勝利します。

マルクス選手には、右足の膝から下がありません。今は、体に合わせて作られた「義足」をはいています。大会に出るときは、チーターの後ろ足のような形をしたスポーツ用の義足を、体の一部のように使って走り、跳ぶのです。

助走をする前、マルクス選手は、大きく手を広げ、観客に手拍子を求めます。みんなを自分の競技に注目してもらうためです。一人、また一人と手拍子を始める観客に背中を押されるように、レーム選手が駆けだしました。観客たちは、その姿を一瞬でも見逃すまいと、じっと目で追いかけています。

「ダン！」と音を立てて、ふわりと宙に跳び上がるマルクス選手。自分の体を前に折りたたんで、勢いよく砂場に着地しました。さあ、どんな記録が出たのでしょうか ──？

[陸上競技]

マルクス・レーム 選手

本当のゴールは オリンピック選手とパラリンピック選手が、共に競い合う姿を見せることだ。

Markus Rehm

1988年ドイツ・バイエルン州ゲッピンゲン出身。
主な成績（2019年12月現在）
2009年　IWASジュニア世界大会　走り幅跳び　優勝
2010年　IWASジュニア世界大会
　　　　走り幅跳び、100m、200mの3冠を達成
2012年　ロンドンパラリンピック
　　　　走り幅跳び　金メダル　400mリレー　銅メダル
2015年　IPC陸上競技世界選手権（カタール）
　　　　走り幅跳び　優勝
2016年　リオデジャネイロパラリンピック
　　　　走り幅跳び　金メダル
2018年　ヨーロッパ選手権　走り幅跳び　優勝
　　　　8m48cm＝世界記録

ハンディキャップがあっても
何かを成しとげられることを、
多くの人に知ってほしいと思ったんだ。

マルクス選手は、これまでのどのパラリンピアンよりも、遠くまで跳ぶ選手です。2012年、2016年と、パラリンピックで2回、金メダルを獲得しています。彼の自己最高記録は8m48cm。それは、体に障がいのない選手が出場するオリンピックの金メダリストよりも良い記録。そのまま比べることはできないけれど、「パラリンピアンがオリンピアンを超えた！」と、世界中の人びとに驚きを与えました。

マルクス選手は、1988年8月22日、ドイツ南部のゲッピンゲンという街で生まれました。子どものころから運動が大好きだったマルクス少年は、自転車やスケートボード、インラインスケートなど、さまざまなスポーツに親しみました。

「跳ぶことも大好きだった。最初は遊びみたいなも

のだったけど、6、7歳のころから走り幅跳びにも挑戦していたよ」と当時を振り返ります。

活発な幼少期を過ごしたマルクス選手でしたが、14歳のとき、ウェイクボードを楽しんでいる最中に事故にあい、右足の膝から下を失ってしまいます。義足を使った生活を始めたばかりのころは、思うように体を動かせず、落ちこんで泣いてしまうこともありました。それでも、「また大好きなスポーツがしたい」という強い望みは、やがて彼を世界で一番のパラリンピック選手へと変えていくことになります。

マルクス選手が義足で走り幅跳びを始めたころ、世界記録は今より2メートル以上も短い記録でした。記録をぬり変え続けてきた彼自身も「自分でもその進歩に驚いているよ」と笑います。

2018年8月。ドイツ・ベルリンで、パラ陸上走り幅跳びの世界新記録（8m48㎝）をマーク。185㎝の長身と、きたえ上げた肉体を生かしたダイナミックなジャンプで観客を魅了する。歓声に笑顔で応えることも欠かさない。

長い間マルクス選手を支えてきたコーチのシュテフィ・ネリウスさんはこう話します。

「私が彼と知り合ったころは、5m60㎝しか跳べていなかったのです。マルクスの成長は、彼の努力と才能のおかげです」

マルクス選手の活躍は、パラリンピックの世界だけにとどまりませんでした。2014年には、ドイツで一番の陸上競技選手を決める大会で優勝。障がいのない選手もふくめて、ドイツでもっとも強い走り幅跳びの選手になったのです。

自分が有名になっていくなかで、彼の心にはある願望が生まれていました。それは「オリンピックとパラリンピックの架け橋になりたい」という思いです。そのための方法として、彼はオリンピックへの出場を希望するようになります。

世界中の人びとが注目するオリンピックで、自分が競技をする姿を見せることで、パラリンピックへの注目をより高いものにしたいと考えたのです。2015年ごろのことでした。

「オリンピックに出場することで、ハンディキャップがあっても何かを成しとげられることを、多くの人に知ってほしいと思ったんだ」

けれども、マルクス選手の希望はかなえられていません。「バネの力でより遠くまで跳んでいる。不公平じゃないか」と反対されたのです。義足をはいた右足で地面を蹴って跳ぶマルクス選手は、今もこの反対をくつがえすことができていません。

バネのようなスポーツ用義足のおかげで遠くまで跳べているのではないか——。そういう人びとを横目に、マルクス選手の思いは変わることがありません。

「ライバルたちと勝負して、もっともっと遠くに跳びたい。パラリンピアンが持つ可能性を、より多くの人に知ってもらいたいんだ」

スポーツが大好きだった子どものころと変わらない心が、今のマルクス選手を動かす力の源になっています。「ジャンプをすることに幸せを感じているんだ」と彼はいいます。

パラリンピックの選手であるマルクス選手が、オ

オリンピック選手とパラリンピック選手
2つの世界の架け橋になりたいんだ。

2016年リオデジャネイロパラリンピックでの跳躍。異次元のパフォーマンスを見せるマルクス選手だが「大切なのは技術より心と観客の歓声」という。「最高のパフォーマンスをする」。その一点に集中して、今日もトレーニングにはげむ。

リンピックとパラリンピックの架け橋になる。そのことにはどのような意味がこめられているのでしょうか。マルクス選手の思いは、これから大人になる若い人びとに向けられています。彼はこのように話します。
「肌の色のちがいで人を区別することがないよう

に、障がいがあるかないかで、人間には何もちがいはないよね？　子どもたちが大人になっていくなかで、その考えが当たり前になってほしい。だから、ぼくは2つの世界の架け橋になりたいと思っているんだ」

2000年10月28日、愛媛県今治市に生まれた山口尚秀選手。「尚秀」という名前は、その年の夏、シドニーオリンピックの女子マラソンで日本人初の金メダルに輝いた高橋尚子さんと、当時すでに日本プロ野球界で名実共にナンバーワンだった松井秀喜さんの名前から「尚」と「秀」の一文字をとって名づけられました。

その山口選手が「自閉症」とわかったのは、3歳のとき。人一倍こだわりが強く、集団行動が苦手だった山口選手は、思うように人とコミュニケーションをとることができませんでした。自分の思いをうまく伝えること、人がいっていることを理解することが、山口選手にはとても難しかったのです。

そんな山口選手を育てることは、お父さんとお母さんにとっても大変なことでした。でも、何があっても「尚秀は、いい子だよ」と山口選手をかわいがってくれた、おじいさんとおばあさんの存在がお父さんとお母さんを支えてくれました。共働きだったため、山口選手の面倒を、おじいさんとおばあさんが見てくれていたのです。魚料理が大好きな山口選手にとって、おばあさんが作ってくれる煮魚は今も一番の大好物です。

[水泳]

山口尚秀 選手
やまぐち なおひで

障がいがあっても、なくても、
だれでも輝ける、大きな可能性がある。
世界一になって、それを証明したいんです。

Naohide Yamaguchi

2000年愛媛県今治市出身。
主な成績（2019年12月現在）
2019年　世界パラ水泳選手権大会（イギリス）
　　　　100m平泳ぎ1位＝世界新記録1分4秒95
　　　　100m背泳ぎ16位　200m個人メドレー
　　　　17位　100mバタフライ8位
　　　　ジャパンパラ水泳競技大会（神奈川）
　　　　100m平泳ぎ1位　50m自由形2位
　　　　100m背泳ぎ5位

たくさん練習をしなければ
速く泳ぐことはできないということに気づいた。

　　して、もう一つ、山口選手を救ってくれたものがありました。水泳です。

　もともと水遊びが好きだった山口選手は、小学校4年生から週に1度、となりの市のスイミングスクールにできた障がい児のためのコースに通っていました。中学、高校と思春期を迎（むか）え、自分について考え、不安になったり劣等感（れっとうかん）を抱（いだ）いたりして、自信が持てず、感情が不安定になりました。高校時代には辛（つら）い経験をし、学校に行かれなくなりました。

　転機が訪（おとず）れたのは、高校1年生の終わりでした。

秋に岩手県で開催（かいさい）された「全国障がい者スポーツ大会」に愛媛県代表として出場した山口選手の泳ぎを見て、その高い才能を見ぬいた監督（かんとく）がパラ水泳の大会に出場することをすすめてくれたのです。

　さっそく、年明けに行われた日本知的障害者選手権水泳競技大会に出場しました。そこはパラリンピックを目指すような日本のトップ選手たちが集結する大舞台（おおぶたい）でした。すると200m自由形に出場した山口選手は、まったく歯が立たず、ダントツの最下位。それも最後まで泳ぐことができず、途中（とちゅう）でリタ

プールに向かってていねいに深々とおじぎをする山口選手。インタビューでも常に周囲への感謝の気持ちを語る。2019年9月の世界選手権、世界新で1位に輝いたときにもその姿勢はまったく変わらなかった。

イアしてしまったのです。

　レース後、自分に不甲斐なさを感じたのでしょう。山口選手は、お父さん、お母さんの前で泣きわめき続けました。お父さん、お母さんもどうすることもできず、こまりはててしまいました。

　でも、この大きな挫折の経験が山口選手の気持ちを動かしました。同じ知的障がいのクラスには、すでに世界の舞台で活躍するような選手もいました。彼らの泳ぎを見て、「たくさん練習をしなければ、速く泳ぐことはできない」ということに気がついたの

です。そして自分も挑戦してみたいと思いました。そんな山口選手の気持ちを大事にしたいと思ったお母さんは、今治のスイミングスクールにお願いをして、「選手コース」に入れてもらいました。

　しかし、苦しい練習を毎日続けるということは、山口選手にとっては本当に大変なことです。だからいやになって休むこともありました。それでも、山口選手はやめることなく、休みながらも練習に通い続けたのです。

　すると翌年、高校２年の秋に出場したパラ水泳の全国大会では、100ｍ自由形で２位になりました。それから山口選手はどんどん速く泳げるようになり、日本のトップ選手へと成長していきました。

　そして2019年は、山口選手にとって「飛躍（ひやく）の年」となりました。もっとも得意とする100ｍ平泳ぎで、２月にオーストラリアで行われた国際大会で銀メダル、５月のシンガポールでの国際大会では銅メダルを獲得（かくとく）したのです。

　そしてイギリスで行われた９月の世界選手権では、金メダルに輝（かがや）きました。それは世界記録保持者のライバルをおさえ、世界新記録での優勝という最高の結果でした。つまり、山口選手は「新世界チャンピオン」となったのです。そして、東京パラリンピックの切符（きっぷ）も獲得しました。

　泳ぎ終わって、自分が１着でゴールしたことを知った瞬間（しゅんかん）、山口選手は両手を合わせて、「ありがとう」という言葉を２度、さけびました。そのときの心境を、山口選手はこう語っています。

パラ水泳を作ってくれた人、
この大会を用意してくれた関係者や審判など、
たくさんの方に感謝しています。

10代最後で迎える東京パラリンピックに向けて、辛い練習にたえ続けながら金メダルを目指している。ときおり、自宅近くのお寺にお参りにも出かける。石像にも優しくふれるようにして握手するところも山口選手の性格を表している。

「パラ水泳を作ってくれた人、この大会を用意してくれた関係者や審判など、たくさんの方に感謝しています」
　そして、こんなこともいっています。
「世界一になるためには、世界一の練習をしなければなりません」
　ときには練習が辛く、行きたくなくなることもあります。練習中、プールサイドから逃げ出してしまうこともあります。でも、そのたびに山口選手は気持ちを立て直す努力をして、必ず練習の場にもどっ

ていきます。そしてトレーニングにはげむのです。なぜなら、彼には東京パラリンピックで、どうしても成しとげたいことがあるからです。
「世界一になって、自分のように障がいがあっても、大きな可能性があるということを証明したいんです」
　19歳で迎える初めての"世界最高峰の舞台"で、山口選手は再び世界新記録で金メダルに輝くつもりです。

瀬立モニカ選手は、もともとスポーツが得意で、中学校時代はバスケットボール部に所属。スイミングスクールにも通い水泳にも力を入れていました。カヌーとの出会いは、中学2年生のとき。学校の先生に「カヌーをやってみないか？」と突然誘われたのがきっかけでした。地元の東京都江東区（こうとうく）の河川敷（かせんじき）にはカヌーの練習場があり、そこではだれでも気軽にカヌーを体験したり、トレーニングしたりすることができるのです。瀬立選手もそこで初めてカヌーを体験しました。ただ、当時はあまりカヌーに興味がわかなかったといいます。さらに高校受験もあり、カヌーからはなれた時期もありました。

しかし、高校に入り、再びカヌーを始めました。その年、東京都で国民体育大会があり、そこへの出場を目指すことになったのです。ところがその年、突然のアクシデントに見舞（みま）われました。それは国体の選考会数日前でした。体育の授業でマット運動をしていた際にケガをし、車いす生活となったのです。

[カヌー]

瀬立モニカ 選手
せりゅう もにか

将来（しょうらい）の夢もありますが、アスリートとしてどこまでやれるか挑戦したいです。

Monika Seryu

1997年東京都江東区出身。
主な成績（2019年12月現在）
2016年　リオデジャネイロパラリンピック
　　　　女子カヤックシングル 8位
　　　　第1回アジアパラカヌー選手権大会（インドネシア）
　　　　女子 1位
2017年　カヌースプリントワールドカップ第3戦（セルビア）
　　　　女子 1位
　　　　世界パラカヌー選手権（チェコ）　女子 8位
　　　　日本パラカヌー選手権（石川）　女子 1位
2018年　パラカヌー世界選手権（ポルトガル）　女子 7位
2019年　パラカヌー世界選手権（ハンガリー）　女子5位
　　　　日本パラカヌー選手権大会（東京）　女子 1位

パドルの先から聞こえてくる水しぶきの音、
そして風を切る感覚……。
すべてが心地よく、一瞬にして、
カヌーのとりこになりました。

入院が長引くなか、瀬立選手は「どうにでもなってしまえ……」と人生を投げ出したくなったこともありました。そんな瀬立選手を救ってくれたのは主治医の先生。毎日のように病室に来ては前向きになれる言葉をかけてくれ、ときにはいそがしい合間をぬって散歩にも連れていってくれたのです。

とはいえ、この体では大好きなスポーツをすることなんて、ましてやカヌーをすることなんてできないだろう……そう思っていました。そんな矢先、瀬立選手に一通のメールが届きます。江東区カヌー協会の方からの「パラカヌーをやってみませんか？」という誘いでした。

「そのとき、私は『体幹のきかない私ができるわけないじゃん！』と思って最初からあきらめていました。でも、家から近いし、とりあえず行ってみることにしました」

車いす生活となった自分が、再びカヌーに乗ることができるとは想像すらしていなかったという瀬立選手。水辺に浮かぶカヌーに乗り、おそるおそるこぎ始めたとき、体に伝わってきた水に浮く感触、パドルの先から聞こえてくる水しぶきの音、そして風を切る感覚……。すべてが心地よく、一瞬にして、

体幹がきかず足のふんばりもきかない瀬立選手は、ほとんど上半身だけでバランスをとりながらこいでいる。はた目からはかんたんに見えるが、実際は至難の業。高度な技術はもちろん、過酷なトレーニングできたえられたフィジカルが必要。

カヌーのとりこになりました。

　それから2年後の2016年、瀬立選手は初めてカヌーが正式競技として採用されたリオデジャネイロパラリンピックに、男女合わせて日本人でただ一人出場しました。そして予選、準決勝を通過し、決勝進出を果たしました。

　決勝ではスタンドからひびき渡る"モニカコール"に押されるかのように、スタートから力強いこぎで積極的なレースを見せました。しかし、真横から吹きつける風にあおられ、レース後半は体勢をくずし、イメージしていた「暴れる」には十分なパフォーマンスを発揮することができませんでした。

　結果は、8人中最下位。レース後のインタビューでは、懸命に笑顔を見せながらも、その目からは涙が次から次へとあふれ出てきました。
「パラリンピックで、しかも決勝の舞台でこぐことができたのは本当にうれしかったです。でも、決勝では最下位なので、すごくくやしいです……」

　しかし、最後にはこう力強く宣言しました。
「4年後の東京パラリンピックでは、今回の雪辱を果たして表彰台に必ず立ちます！」

スタート前に息を2度吐き、
大きく深呼吸をすると覚悟が決まりました。

20 19年8月、瀬立選手はハンガリーで行われた世界選手権に出場しました。決勝で6位以内に入れば、1年後の東京パラリンピックの出場が内定する大事なレースでした。決勝前日の夜から眠ることができないほど緊張していたという瀬立選手でしたが、スタート前にはいつものルーティンである息を2度吐き、大きく深呼吸すると、覚悟が決まりました。

「よし、やるしかない！」

練習でやってきたとおりに力強くスタートし、「絶対に勝つ！」という強い気持ちを持ちながらこぎ続けました。すると、これまで一度も勝てずにいたリオの金メダリストに競り勝って5位でゴールし、見事に東京パラリンピックへの切符をつかんだのです。

「やった！　うれしい！　こんな気持ちは初めて！」

瀬立選手の表情には、最高の笑顔があふれていました。

奇しくも東京パラリンピックのパラカヌーの競

水上では孤独な闘いではあるが、瀬立選手の周りには家族やコーチ、用具開発者、スポンサーなど、さまざまな面でサポートしてくれる"仲間"がたくさんいる。東京パラリンピックでは最高の笑顔で喜びを分かち合うつもりだ。

技会場「海の森水上競技場」は、瀬立選手が生まれ育った江東区。これまで支え続けてきてくれた地元の方たちの前で必ずメダルをかかげたいと思っています。

　現在、瀬立選手は筑波大学体育専門学群の学生でもあります。彼女にはずっと持ち続けている将来の夢があります。東京パラリンピック後は、その夢に向かって突き進んでいくと決めていましたが、今はその気持ちに変化が生まれてきました。

「将来の夢は、絶対にかなえたいと思っています。

ただ、アスリートとしてどこまでやれるのかということにも挑戦したいという気持ちが出てきました」

　もしかしたら東京パラリンピック後も、現役を続ける可能性があるかもしれませんが、いずれにしても挑戦し続けることを彼女はやめません。アスリートとして過ごす東京パラリンピックは、彼女の人生にとって大事な通過点。自らが決めた目標に向かって突き進んでいく力を今、瀬立選手は一生懸命に大きくふくらませているのです。

東京パラリンピックで金メダルが期待されている車いすラグビー日本代表。そのキャプテンをつとめているのが、池透暢選手です。

池選手の人生が大きく変わったのは、19歳のとき。交通事故にあい、全身に大やけどを負ったのです。一命はとりとめたものの、左足を切断し、さらに左手は感覚を失い、右足も曲げることができなくなってしまいました。

しかしもっとも悲しかったことは、その事故で大切な友人を亡くしたこと。だからこそ、「生かされた」自分はその友人の分も一生懸命に生きなければいけないと思いました。そこで「生かされた証」を残そうと始めたのが、スポーツだったのです。

最初に始めたのは、車いすバスケットボールでした。もともと中学校時代にはバスケットボール部だったこともあり、車いすバスケで活躍する姿を見せることが、周囲への恩返しとなり、「生かされた証」を残すことになると考えたのです。

最初は「池には、車いすバスケは難しいと思うよ」といわれたこともありました。実際、自由がきかない左手でボールをコントロールしたり車いすを操作するのは大変でした。それでもあきらめずに練習し、じょじょに頭角を現していきました。

[車いすラグビー]

池 透暢 選手
いけ ゆきのぶ

完成されたチームに入るのではなく
自分とチーム、
いっしょに成長することに挑戦したい。

Yukinobu Ike

1980年高知県高知市出身。
2014年より車いすラグビー日本代表のキャプテンをつとめる。
主な成績（2019年12月現在）
2015年　アジア・オセアニアチャンピオンシップ（千葉）　優勝
2016年　リオデジャネイロパラリンピック　銅メダル
2017年　アジア・オセアニアチャンピオンシップ（ニュージーランド）
　　　　準優勝
2018年　ジャパンパラウィルチェアーラグビー競技大会（千葉）
　　　　優勝
　　　　ウィルチェアーラグビー世界選手権（オーストラリア）　優勝
2019年　車いすラグビーワールドチャレンジ2019（東京）　3位

「生かされた証」として始めた
車いすバスケットボールだが、
左手にまひを抱え限界を感じていた。

池選手は、日本代表候補の合宿にも呼ばれるようになりましたが、がんばればがんばるほど、ある思いが大きくふくらみ始めました。
「手にまひを抱える自分には、車いすバスケではどうしても限界があるのではないか。いや、そう思うのはただの逃げでしかない。あきらめたらダメだ。でも……」
そんな葛藤を常に抱くようになり、人知れず悩み苦しんでいました。じつは、以前から池選手のよう

に四肢に障がいのある人のために考案された車いすラグビーへの転向をすすめられていたのです。池選手自身も車いすラグビーの方が、自分は活躍できるだろうことはわかっていました。でも、どうしても決心できずにいました。
「バスケで活躍する姿を見せるというのが友人にちかった約束でもあったし、何よりも自分はバスケが好きでした。バスケ部だったというプライドもあって……」

「人には自分が輝ける場所を見つけることが、とても大切」と語る池選手。ロンドンパラリンピックのテレビ中継で目にした"世界最高峰の舞台"が、池選手の心を動かした。今ではエースとして、キャプテンとして、その姿は輝いている。

　そんな池選手の気持ちを変えたのは、2012年ロンドンパラリンピックでした。ある日の夜、寝る前になんとなくテレビをつけると、偶然にも車いすラグビー日本代表が銅メダルをかけてアメリカと対戦する大一番の試合が中継されていました。結果は負けてしまいましたが、試合を見ているうちに、池選手は熱い気持ちがこみ上げてきました。
　「最初は『あぁ、やっているなぁ』くらいにしか思っていなかったんです。でも、そのうちに自然と『自

分だったら、こういうプレーができるかもしれない』なんて考えていて……。そうしたらなんだか『これまでバスケで積み上げてきたことも、この競技でなら活かすことができるのかもしれない』と思えたんです。『自分が本当に輝ける場所はここだ！』ということがはっきりと見えた気がしました」
　試合が終了するころには、池選手の気持ちは固まっていました。そうして2013年、池選手は"ラガーマン"として本格的なスタートを切りました。

リオパラリンピックで日本初の銅メダルを獲得した池選手。当時は引退することも頭をよぎったが、東京パラリンピックで世界一を目指すことを決意。米国リーグにも挑戦し、心身共にみがきをかけて2度目の大舞台を迎える。

　　すぐに主力として活躍し始めた池選手は、その人間性も大きく買われ、2014年からはキャプテンをつとめています。

　池選手が加わった日本代表は、2016年リオデジャネイロパラリンピックで念願のメダル（銅）を獲得しました。さらに2018年の世界選手権では、世界最強のオーストラリアを決勝で破り、初優勝。世界チャンピオンとなったのです。

　優勝した瞬間、池選手はチームが一つになったことを感じ、喜びを爆発させました。しかし、表彰式で金メダルを首にかけてもらったときには、すでに

「もっと強くならなければいけない」と次を見すえていました。

　そして、実際に池選手は行動に移します。選手として、人として、さらに成長したいと考え、1シーズン、アメリカのクラブチームでプレーすることにしたのです。選んだのは、パラリンピック経験者も代表候補もゼロのチームでした。

「すでにできあがったチームに入るのではなく、自分が入ることでチームを成長させながら、自分もいっしょに成長していくことに挑戦したいなと思ったんです」

勝つためにどういうマインドが必要なのかを
チームメイトに伝え続けた。

　当初、選手のなかには試合で劣勢（れっせい）になると、緩慢（かんまん）なプレーをする選手もいました。しかし、池選手は常に声をかけ、「勝つためには、どういうマインドが必要なのか」を伝え続けました。すると最後の試合後、チームメイトからこんなメッセージを受け取りました。

〈池が来てくれて、いっしょにプレーしてくれて、たくさんの学びがあったよ。君のおかげでぼくの目標はより大きなものに変わったんだ。〉

　今でもときどき、アメリカでのことを振（ふ）り返ることがあるといいます。

　「ばらばらだったチームも努力し続けることで最後は一つになれた。改めてチーム力の大切さや、チームを勝利に導（みちび）くために必要なことを学ぶことができました。そして、今でも応援（おうえん）してくれているアメリカのチームメイトたちにとって誇（ほこ）れる選手でいられるよう、今、自分を律（りつ）しながら東京パラリンピックに向かっています」

　池選手は、たくさんの人たちの思いを力に変え、自分がもっとも"輝（かがや）ける場所"で金メダルに輝きたいと思っています。

「仲間と共に2020年に向かって、日々精進していきます！」

2019年4月、ロンドンマラソンを舞台に開かれた世界パラ陸上マラソン世界選手権の視覚障がいクラス女子の部で優勝した道下美里選手は、東京パラリンピックの代表選手にも内定し、覚悟の言葉を口にしました。

「仲間」──右目は見えず、左目はわずかに明るさや色を感じるだけという弱視の道下選手は、一人で走ることができず、「目の代わり」となる伴走者といっしょに走ります。走る方向やペースなどを言葉で伝え、ゴールまで安全に導いてくれる存在です。「マラソンはチーム戦」と話す道下選手にとって、伴走者は「一人では乗り越えられないことも、いっしょに乗り越えてくれる心強い仲間」なのです。

身長144cmの小柄な体ながら、ねばり強さとはつらつとした笑顔がトレードマークの道下選手は1977年、山口県下関市で生まれました。目に異変を感じたのは13歳のとき。原因不明の角膜の難病を発症し、治療のかいなく右目を失明します。それでも、左目を頼りに短大を卒業し、調理師免許を取得してレストランで働き始めました。

[陸上競技]

道下美里 選手
みちした みさと

パワーの源は、
金メダルへの思いと仲間たちとのきずな。

Misato Michishita

1977年山口県下関市出身。
主な成績（2020年2月現在）

2014年	防府読売マラソン	2時間59分21秒	1位
2015年	IPCマラソン世界選手権（ロンドン）	3時間03分26秒	銅メダル
	防府読売マラソン	2時間59分32秒	1位
2016年	リオデジャネイロパラリンピック	3時間06分52秒	銀メダル
2017年	WPAマラソンワールドカップ（ロンドン）	3時間00分50秒	金メダル
	防府読売マラソン	2時間56分14秒	1位
2018年	WPAマラソンワールドカップ（ロンドン）	3時間04分00秒	金メダル
2019年	WPAマラソン世界選手権（ロンドン）	3時間06分18秒	金メダル
2020年	別府大分毎日マラソン	2時間54分22秒	世界新

ところが、26歳のときに左目も同じ病気で視力が0.01以下まで落ちました。一人でできることが少なくなり、仕事もやめレストラン経営という夢もあきらめました。心が折れ、「私はみんなのお荷物」と引きこもりがちになってしまいます。

失意のなか、盲学校に通いはじめた道下選手に生きる希望をくれたのが、「走ること」でした。ダイエットもかねて走ってみたら、ほおを切る風が、「気持ちいい！」。そして、伴走者との二人三脚の日々が始まりました。

最初はトラック種目から始め、そのうちマラソンにも挑戦するようになります。42.195kmを走るマラソンは、毎日コツコツと走り続けなければ力はつきません。「もっと練習したい」と思った道下選手は、自ら練習環境を切り開いていきます。2010年には福岡市を拠点に活動する、視覚障がいランナーのためのランニングクラブ（OBRC）に入り、2013年には日本代表の強化指定選手にも選ばれます。

「世界」を視野に練習をがんばるひたむきな姿に、応援してくれる仲間が一人、二人とふえていきました。今では20代から70代まで、医師や会社員などバックグラウンドもさまざまな10数名が「チーム

優勝したスペインの国歌が流れたとき、
私が聴きたかったのは『君が代』、
くやしさがこみあげてきた。

2016年9月、リオデジャネイロ
パラリンピックで力走する、道下
美里選手（右）。スタートから気温
30度を超える暑さのなか、前半
の伴走をつとめた青山由佳さん
と、「きずな」でつながりながら、
いいリズムをきざみ続けた。

道下」として支えてくれるようになりました。

　伴走者とはロープをにぎり合って走ります。手足のリズムを合わせ、気持ちも合わせます。だから、2人をつなぐロープは、「きずな」とも呼ばれます。

　そんな仲間たちと一心に練習にはげむことで記録もどんどん伸び、2014年4月には自身初の国際マラソン大会（ワールドカップ）に出場して銀メダルを獲得し、12月には2時間59分21秒をマークして、当時の世界最高記録も樹立します。

　そのまま成長を続け、2016年には念願のリオデジャネイロパラリンピックの代表切符もつかみま

す。リオで炎天下の過酷なレースをたえぬいた道下選手は、銀メダルを獲得しました。「金メダルを目指していましたが、夢にまで見た舞台でのメダル。何よりも、仲間たちがいっしょに喜んでくれて満足です」と一度は笑顔を見せました。

　ところが、表彰式では涙がポロポロとこぼれ落ちました。優勝したスペインの国歌が流れたとき、「私が聴きたかったのは、これじゃない。『君が代』だ」と思ったら、くやしさがこみあげてきたのです。そのとき、「4年後の東京パラリンピックでは絶対に金メダルをとる」と心に強くちかいました。

　帰国すると、練習はさらに厳しくなりました。走る距離をふやして持ち味の持久力をみがくと共に、リオで実感したというスピード不足克服のため、苦手なスピード練習もふやしました。

　翌年、その成果がさっそく出ます。4月に出場したワールドカップで初優勝を果たし、12月には2時間56分14秒をマークして、ロシア選手の持っていた世界記録を2分以上もぬりかえました。世界の頂点に立ったのです。

　それでも、「金メダルにはまだ足りない」と、走る以外の強化にも取り組みます。体重をコントロールしながら強い体を作るため、栄養管理も徹底。よりよいフォームで走り続けられるよう体幹トレーニングも地道にくり返します。ヨガも取り入れたことで体の柔軟性が高まり、フォームの改善につながったほか、「自分と向き合え、気持ちをコントロールできるようになった」そうです。

　「だれよりも練習してきたと自信を持ってスタート

だれよりも練習してきたと
自信を持って
スタートラインに立ちたい。

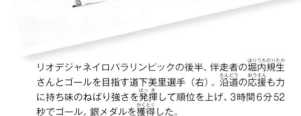

リオデジャネイロパラリンピックの後半、伴走者の堀内規生さんとゴールを目指す道下美里選手（右）。沿道の応援も力に持ち味のねばり強さを発揮して順位を上げ、3時間6分52秒でゴール。銀メダルを獲得した。

ラインに立ちたい」という道下選手は、「できることはすべてやる」という強い覚悟で日々、過ごしています。もちろん、ケガや体調不良で練習メニューをこなせない日や目標に届かない試合もありますが、それも大事な経験です。寄りそってくれる仲間たちと共に失敗からも学び、すべてを力にして前だけを見つめます。

　道下選手にはもう一つ、「だれもが暮らしやすい社会の実現」という夢もあります。東京パラリンピックが、「街で障がい者を見かけたら声をかけたり、互いに助け合ったりするきっかけになれば」と期待を寄せます。金メダルはその後押しにもなるはずです。

　「仲間たちといっしょに最高の笑顔を輝かせる瞬間」が来ることを信じて、道下選手は今日も「きずな」をにぎりしめ、力強く走り続けます。

義足の存在を広く知ってもらいたいと、ふだんから半ズボンをはいて過ごす樋口健太郎選手は、パラ・パワーリフティング72kg級の日本記録保持者です。体重60kgの成人男性約3人分、175kgのバーベルを持ち上げることができます。

　樋口選手がパワーリフティングでパラリンピックを目指すようになったのは、2017年。バイクの交通事故で入院していたときのことです。右足の大腿部を切断し、入院中だった樋口選手のところに、教え子の小学生がお見舞いにきました。そしてその子は、「樋口先生へ」とパラスポーツ関連の本を手渡しました。樋口選手は病室で、初めてパラ・パワーリフティングという競技の存在を知りました。

　おかげで、「足の切断はパラリンピックに出るチャンス」とすぐさま頭を切りかえることができた樋口選手。足を失ったことを憂う間もなく、新たな人生の目標を立てました。それは「パワーリフティングでパラリンピックに出場する」ことでした。こうして、彗星のように現れた44歳の新人は、次々に日本記録をぬりかえていきます。

［パワーリフティング］
樋口健太郎 選手
ひぐち けんたろう

右足を失う事故から3か月、
病院から特別許可をもらい出場。
そこから伝説が始まった。

Kentaro Higuchi

1972年東京都出身。自己ベスト175kg（72kg級の日本記録）。
主な成績（2019年12月現在）
2017年　全日本パラパワーリフティング選手権大会　優勝
2018年　第1回パラパワーリフティングチャレンジカップ京都
　　　　日本記録更新　優勝
　　　　インドネシア2018アジアパラ競技大会　日本記録更新
2019年　全日本パラパワーリフティング国際招待選手権大会　優勝
　　　　ヌルスルタン世界選手権　日本記録更新
　　　　READY STEADY TOKYOパラパワーリフティング
　　　　（東京パラリンピックテスト大会）日本記録更新

病室でパラスポーツの本と出会い、足の切断はパラリンピックに出るチャンスと考えが切りかわった。

　いまわしい事故から3か月。入院中の樋口選手の姿が「全日本選手権2017」にありました。病院から特別に大会出場の許可をもらい、大会に出場。そこで、136kgのバーベルを上げることに成功し、初優勝したのでした。樋口選手の伝説はここから始まります。

　2018年9月に行われたアジア・オセアニア選手権では、165kgをマーク。全日本選手権2017から、1年ほどしかたっていないにもかかわらず、約30kgも記録を伸ばしました。さらにその1か月後のジャカルタ・アジアパラ大会で、日本新記録である171kgをマークしました。2019年7月には、ヌルスルタン世界選手権で、自身の日本新記録を更新。2か月後には日本新記録を再度更新し、175kgをマーク。東京パラリンピックのプレ大会（READY STEADY TOKYOパラパワーリフティング）で優勝を果たしました。

　プレ大会を終えた樋口選手にインタビューする

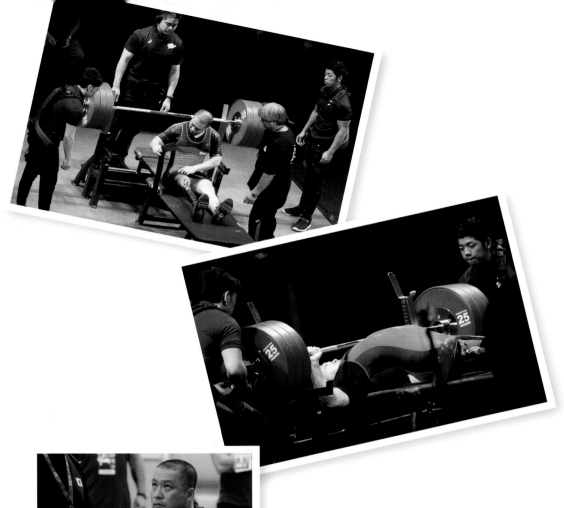

パラ・パワーリフティングは足を身体と
平行にしてバーベルを持ち上げるため、
腕力（腕、肩、三頭筋）だけの勝負。1試
合で3回のチャンスがあり、1番重いも
のが記録になる。写真は175kgをマーク
して優勝したときのもの。

と、「自己新を出すよりも大事なことがあります。
それは"世界レベル"にまで記録を伸ばすことです」
と、日本新記録の更新という結果に満足していませ
んでした。続けて、「まずは来年4月までに190kgを
上げられるよう、前だけ見て明日から練習を積みま
す」と話しました。

　現在の世界記録は、イランのロスタミ・ルーホ
ラー選手が持つ229kg（2018年アジアパラ大会）。快
進撃を続ける樋口選手ですが、世界の「壁」は高く

そびえ立ちます。

　そうはいっても、あきらめたりなげいたりするこ
とはしません。樋口選手にとって、「今」はあくまで
も通過点なのです。

「ゆくゆくは200kgを上げる。そのつもりでトレー
ニングを重ねていきます。限られた試合で実績を積
んで、技術をみがき、東京パラリンピックにのぞみ
たい」と、今まで以上に練習に熱が入ります。

樋口選手は義足に対するネガティブなイメージを無くしたいと、デザイン性の高い「かっこいい」義足を着用したり、積極的に義足を見せる機会を作ったりしている。そんな樋口選手と学校生活を共にする子どもたちは、自然と義足に慣れ親しむことができる。

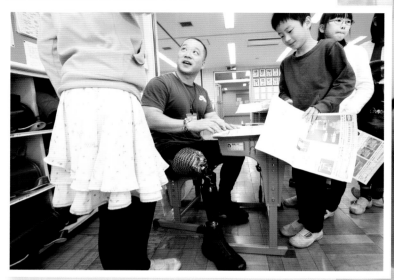

子どもたちに
いい報告ができるように
がんばりたい。

パラ・パワーリフティングの見どころは、会場にただよう緊張感です。基本的な動きは、「バーベルを下ろす、上げる、止める」です。時間にすると、わずか5秒ほど。この一瞬に、練習のすべてがつまっているのです。バーベルを上げることができなかったら失敗ですが、上げることができても「失敗」の判定を下されることがあります。バーベルが常に地面と平行でなくてはならないというルールがあるからです。傾くこともなく、途中で止まるこ

ともなく、美しい姿勢で上げるのは思っている以上に難しいのです。大事なのは「集中力と正確さ」という樋口選手。そのことを常に気にかける練習とは、一体どういうものなのでしょうか。

　小学校の教諭で、無限に練習ができる環境にない樋口選手。学校へ出勤する前の毎朝6時から練習がスタートします。場所は、池袋のビルの一階です。バーベルがやっと上げられるくらいのスペースですが、ぜいたくはいえません。入念なアップをすませ

ると、黒のベンチ台にあお向けになり、スマホアプリを立ち上げます。トレーナーは大阪在住のため、側（そば）に指導者（しどうしゃ）の姿（すがた）はありません。一人もくもくとバーベルを上げ、その動画をトレーナーに送り、トレーナーは送られてきた動画を見て、動きや身体の使い方を指導します。

　トレーニングを終えると、その足で学校に向かいます。練習のときの厳（きび）しい表情とはうってかわり、子どもたちの前ではくったくのない笑顔を見せる樋口選手。担当教科は理科で、なごやかな口調で子どもたちに語りかけます。休み時間になると、周りに子どもたちが集まってきて、授業で使用した実験道具をいっしょに片づけながら、義足のことやパラ・パワーリフティングについて言葉を交（まじ）えます。
「子どもたちにいい報告ができるようにがんばりたい」

　樋口選手にとって、生徒たちがパワーの源（みなもと）であることはまちがいないようです。

世界トップクラスのパワーショットが持ち味の車いすテニスプレーヤー眞田卓選手。中学校時代にはソフトテニス部に所属し、3年生のときには栃木県の大会で4強に入ったこともありました。そんな眞田選手が車いすテニスの世界を知ったのは、19歳のとき。その年、バイク事故で右足の切断を余儀なくされた眞田選手は、リハビリするなかで車いすテニスの存在を知りました。退院後、眞田選手はさっそく、車いすテニスを始めました。でも、当時は趣味として始めただけで、とくにパラリンピックを目指していたわけではありませんでした。

しかし、眞田選手の高い才能を見ぬいていた関係者は、本人がやる気になってくれるのを待ち望んでいたのです。北京、ロンドンと2大会連続でパラリンピック金メダルを獲得した国枝慎吾選手を育てたコーチからも「パラリンピックを目指してみないか」と誘われたこともありました。ところが、当時の眞田選手はまったく興味を示さなかったのです。
「一人暮らしをしながら仕事をしていましたので、時間的にも経済的にも、無理だと思っていました」
そんな眞田選手の気持ちに"スイッチ"が入ったのは、2010年。転職したことがきっかけでした。

[車いすテニス]

眞田 卓 選手
さなだ たかし

自分の存在が、本気で車いすテニスの世界を目指すきっかけになれたら、うれしい。

Takashi Sanada

1985年栃木県那須塩原市出身。
主な成績（2019年12月現在）
2016年　リオデジャネイロパラリンピック
　　　　　男子シングルスベスト16　男子ダブルス4位
2017年　ドイツオープン（ドイツ）　男子シングルス1位
　　　　　プラハカップ（チェコ）
　　　　　男子シングルス1位　男子ダブルス1位
2018年　車いすテニス世界国別選手権2018（オランダ）　1位
　　　　　全日本選抜車いすテニスマスターズ（千葉）
　　　　　男子シングルス1位（4連覇）
　　　　　アジアパラ競技大会（インドネシア）
　　　　　男子シングルス2位　男子ダブルス1位
2019年　ジャパンオープン2019（福岡）
　　　　　男子シングルス5位　男子ダブルス2位

もともと世界トップクラスの威力を持つフォアハンドに自信を持っていた眞田選手。バックハンドやネットプレーなど、そのほかの技もみがき、常に世界ランキングは日本人2番目を誇る。2度のパラリンピック経験が大きな財産だ。

パラリンピックのくやしさは、
やっぱりパラリンピックでしか晴らせないんだ。

眞田選手は転職後、約1年間、仕事に専念し、その間は車いすテニスをすることはほとんどありませんでした。2年目となり、仕事に慣れ始めたころ、車いすテニスを再開。すると、それまでにはなかった思いがわき出てきました。世界ランキング日本人上位8人だけが招待される日本マスターズへの出場でした。好きな車いすテニスができなかった時間が、テニスへの気持ちに火をつけたのです。

それをきっかけにして、眞田選手の思いは世界へと向いていきました。会社からのバックアップもあり、翌年にひかえていたロンドンパラリンピック出場を目指すことにした眞田選手は、2011年1月から海外の大会に出場するようになりました。パワフルなフォアハンドのショットを最大の武器に、眞田選手はランキングを上げ、見事にロンドン行きの切符を獲得したのです。

ところが、開幕3か月前の試合で右手首を痛めてしまいました。大会がはじまっても痛みはひきませんでした。はじめは痛み止めの注射がきいていましたが、そのうちにほとんど効果はなくなり、得意

の強打を封印するしかありませんでした。以前から痛めていた右肩（かた）の痛みも発症（はっしょう）し、眞田選手は満身創痍（まんしんそうい）の状態での戦いを余儀（よぎ）なくされたのです。

「なんで、こんなときに……」そんなふうに自分の運命をうらみそうになったこともありました。でも、「せっかくのチャンス。しっかりと自分の力を出し切って帰ろう」と気持ちを切りかえて試合にのぞみました。

　結果は、シングルスはベスト16、ダブルスはベスト8。もちろんくやしさは残ったものの、それでも戦い終えた眞田選手の気持ちは晴れ晴れとしていました。

「ケガをしたこともくやまれますし、試合の内容も良くなかったと思います。それでも、ロンドンの観客のみなさんが純粋（じゅんすい）にスポーツとして楽しんでいるのを見て、そこでプレーすることがとても楽しかったんです」

　今も史上最高とうたわれるロンドンパラリンピックは、眞田選手の気持ちをポジティブにしてくれたのです。

「次こそは必ずメダルを獲得する」と決めてのぞんだ2016年リオデジャネイロパラリンピック。結果は、シングルスはロンドンと同じベスト16、ダブルスは3位決定戦で国枝選手とベテランの齋田悟司選手の日本人ペアに敗れ4位でした。

リオにかける気持ちが強かった分、くやしい結果に、眞田選手の落胆は大きく、何度も「引退」の二文字が頭をよぎったといいます。

「楽しかったロンドンとはちがって、リオはただただ苦しかっただけでした」

眞田選手は、自分が引退することを決意するのは時間の問題だと感じていました。実際、帰国後は自然と周囲にも「引退」の言葉を口にするようになりました。

ところが意外にも、気持ちは少しずつ逆の方向へと向かっていきました。周囲から「引退するのはまだ早い」といわれ、自分をまだ応援してくれる人がいることへのありがたさを感じたのです。そして、もう一つ理由がありました。

「イベントや普及活動で子どもたちの反応を見て

引退の決意を変えたのは、現役だからこそ伝えられることがあると知ったから。

本人は「かなりの人見知りで、初めての人とはまったく話すことができない」と語るが、インタビューではいつも笑いがたえないほど明るい性格の持ち主だ。もともとバイクが趣味の眞田選手は用具の開発にも積極的にかかわっている。

いて思ったんです。世界トップクラスにいる現役の自分だからこそ影響を与えたり、できることがあるのかもって。そうしたら現役を続ける意味があるなと思いました」

振り返ると、眞田選手自身、世界のトッププレーヤーとして活躍していた国枝選手や齋田選手に影響を受けながら、世界を目指してきたのです。

「自分の存在が子どもたちにとって、車いすテニスを始めたり、本気で世界を目指そうと思えるきっかけになれたら、こんなにうれしいことはないなって

思うんです」

そして、続けてこう語ります。

「パラリンピックのくやしさは、やっぱりパラリンピックでしか晴らすことはできませんしね!」

東京パラリンピックは眞田選手にとって"3度目の正直"。今度こそ、必ず表彰台に上がり、子どもたちに夢を与えられる存在になりたいと思っています。

あとがき

　パラリンピックとの出会いは2000年のシドニー大会でした。パラリンピックという言葉は知っていたものの、それまでは見たこともなくて、障がい者が行うスポーツだという認識しかありませんでした。「障がい者はかわいそう」「何か助けてあげないと」「障がい者にカメラを向けていいのかな」などと勝手に思いこんでいました。しかし、大会が始まり、選手たちのプレーを見ていると、そんな自分の先入観はどこかに吹き飛んでいました。選手と接する機会がふえればふえるほど、「障がい」という文字は頭のなかから消えて、選手の性格や個性、スポーツにかける情熱が浮かび上がってきます。

　カヌーの瀬立モニカ選手は、2020年の東京パラリンピックが終わるまで、在学中の筑波大学を休学して、すべての時間を競技にあてています。練習の拠点を東京から沖縄に移したと聞き、競技に向き合う瀬立選手を取材したくて沖縄へ行ったときの話です。沖縄の長寿村として有名な大宜味村で合宿をしている、瀬立選手の周りには絶えず人が集まり、村長も区長も村の人たちも、会う人会う人がいつの間にか笑顔になり、彼女のファンになっていきます。指導用のボートを貸してくれる人、車いすからカヌーに乗

るための桟橋を海辺に作ってくれる人、宿の階段に車いす用のスロープを作ってくれる人、野菜などの差し入れを持ってきてくれる人など、村の人たちができる限りのサポートを惜しまずにしてくれていました。

「彼女が来て村が明るくなった」「障がいがあってもあんなに元気で明るくて、みんな刺激をもらっています」と村の人たちは笑顔で話します。瀬立選手は毎日きつい練習を積み重ねながらも、住民の方を見かけると、だれとでも打ちとけて気軽にあいさつをし、いつも笑顔で話します。瀬立選手が笑顔の大切さに気づいたのは、母親からいわれた「笑顔は副作用のない薬」ということばでした。そんな瀬立選手の魅力は多くの人の心を引き寄せています。

越智貴雄

越智 貴雄 ● おち たかお

1979年大阪府生まれ。大阪芸術大学写真学科卒業。
2000年からパラスポーツの取材に携わり、競技者としての生きざまにフォーカスする視点で撮影・執筆を続けている。
他にも、義足のファッションショーや写真展、トークショー等の開催や、ラジオやテレビ出演など多方面にわたって活動
している。写真集『切断ヴィーナス』『あそどっぐの寝た集』（共に白順社）。一般社団法人カンパラプレス代表理事。

執筆協力	斎藤寿子（さいとう・ひさこ）── P10 〜 27、P40 〜 45

新潟県生まれ。大学卒業後、2006年よりスポーツ専門ウェブサイトのライターとなる。
2011年からパラリンピック競技の取材を開始。パラリンピックは2012年ロンドン、16年
リオデジャネイロ、18年平昌の3大会を取材。2015年からはフリーランスのスポーツライ
ターとして活動している。

平井明日菜（ひらい・あすな）── P34 〜 39

1982年生まれ。高校教師を経て、現在はフリーで企画・取材・編集を手がける。共書に、
深海調査船支援母船「よこすか」の厨房を取材した『深海でサンドイッチ』（こぶし書房）、
東日本大震災から3年目の被災地を取材した『震災以降』（三一書房）がある。

星野恭子（ほしの・きょうこ）── P28 〜 33

新潟県生まれ。会社員、留学、ウェブサイト記者を経て、フリーに。パラリンピックは
2008年北京大会から夏冬6大会を現地で取材。著書に『伴走者たち〜障害のあるランナー
をささえる』『いっしょに走ろっ！〜夢につながる、はじめの一歩』（共に大日本図書）など。

吉田直人（よしだ・なおと）── P4 〜 9

1989年千葉県生まれ。広告会社勤務を経て、フリーライターとして活動中。スポーツ、
社会問題を中心に、国内外で障がい者スポーツの取材を継続的に行っている。共著に
『WHO I AM パラリンピアンたちの肖像』（集英社）がある。

撮影取材協力	SPORTRAIT

協力	公益財団法人 日本障がい者スポーツ協会

パラアスリートたちの挑戦④
夢を追うパラアスリート

2020年3月19日	第1刷発行

写真・文	越智貴雄
ブックデザイン	須藤康子
DTP	由比（島津デザイン事務所）
発行所	株式会社 童心社 〒112-0011 東京都文京区千石4-6-6 電話 03-5976-4181（代表）03-5976-4402（編集）
印刷・製本	図書印刷株式会社

©Takao Ochi 2020 Published by DOSHINSHA Printed in Japan
ISBN978-4-494-01860-4　NDC780 30.3×21.6cm　47P